कागज का बस्ता

कुछ बिखरा.. कुछ ठहरा..

Roshan Thakur

BookLeaf
Publishing
India | USA | UK

Made with ❤ on the BookLeaf Publishing Platform
www.bookleafpub.in
www.bookleafpub.com

Dedication

हम अक्सर विचारों के पीछे भागते हुए अपना जीवन बिता देते हैं, लेकिन सबसे बेहतरीन विचार हमें तब मिलते हैं जब हम बिल्कुल शांत और स्थिर अवस्था में होते हैं।

यह पुस्तक ऐसे ही अवस्थाओं और क्षणों का संग्रह है। उन पलों का परिणाम जब मन शांति से, बिना किसी दिशा या दायरे के, कहीं अनजान दुनिया में भटक रहा हो ।

इन पन्नों के भीतर, आपको वे विचार मिलेंगे जिन्होंने अनदेखा होने से इनकार कर दिया—इन्हें स्याही से इसलिए संजोया ताकि वे आपके स्वयं के चिंतन के क्षणों में अपना एक घर बना सकें।

Preface

चलो, सुकून का एक सौदा करते हैं—
तुम बोलते रहना...
मैं सुनता रहूँगा।

Acknowledgements

यह संग्रह केवल कविताओं का नहीं,
उन खामोश पलों का दस्तावेज़ है
जिन्हें मैं कभी कह नहीं पाया।

मैं उन चुप्पियों का आभारी हूँ
जो मेरे साथ रहीं,
उन भावनाओं का
जो कभी पूरी तरह खत्म नहीं हुईं,
और उन अनदेखी लड़ाइयों का
जिन्होंने इन शब्दों को जन्म दिया।

मेरी इस यात्रा में जो भी लोग आए—
चाहे ठहरे या चले गए—
आप सब कहीं न कहीं
इन पन्नों में बसते हैं।

और आप—
जो इसे पढ़ रहे हैं,
शायद आप भी वही ढूंढ रहे हैं,
जो अक्सर मैं ढुंडता रहा हु ।

0. क्रमशः

1. यथार्थ का झूठ

जिंदगी क्या है?
सच, या कोई सपना..
या कोई बड़ा सा रंगमंच?

यहाँ सब किरदार हैं, तो निर्देशक कौन?

मेरे होने का क्या मतलब है..
मेरे होने में ऐसा क्या है, जो मेरे ना होने में नहीं?
मेरा ना होना मेरे होने से बेहतर तो नहीं?

जो पहले था, अब भी वही है।

काल धोका है।
सब कुछ अभी होता है।
भूत और भविष्य, वर्तमान के मन में पल रही कल्पना हैं,
और कल्पना ही हकीकत है;
यथार्थ झूठ।

2. सूरज तुम सब जानते हो

सूरज तुम सब जानते हो;
छुपाओ मत तुम सच जानते हो।
तुमने सब कुछ आरंभ से देखा है,
श्रृष्टि की रचना को प्रारंभ से देखा है।
तुम जानते हो क्या हुआ था जब ये शुरआत घटी थी,
काल की गांठ हिस्सो में बटी थी।

तब तुम अकेले थे न,
जीवन के होने की राह ताकते..
जीवन को तुमने ही तो रचा है।

तुम कारक हो,
तुम परिवर्तन के रचेता हो,
सत्य के भेद को तुमने साध लिया है,
वक्त के वेग को बांध लिया है।

तुम ही तो वक्त हो,
दुनिया तुम्हे ही देखकर वक्त नापती है।
तुम्हे देखकर दिशा जानती है।
तुम ही दिशा हो।

तुम साल हो..
अंधेरे का काल हो।

तुमने बड़े होने का मान रखा है,
पिता सा सब का ध्यान रखा है।
तुम ना होते तो बस रात होती,
अंधेरे की जैसे बारात होती।

तुम खुद जलकर जग को रौशन करते हो,
शून्य के भीतर जीवन का रंग भरते हो।
तुम्हारी तपन में ही शीतलता का सार है,
तुम ही प्रलय, तुम ही सृजन का आधार हो।

सूरज तुम सब जानते हो;
तुमने अतीत देखा है तुम भविष्य भी देखोगे,
मेरा जन्म देखा है मेरा मरण भी देखोगे।
मुझे भी अपने जैसा अटल बना दो,
स्व: के संघर्ष में सफल बना दो।
तिमिर के बंधनों को चीरना सिखा दो,
राख से फिर उभरना सिखा दो।
न झुकूँ मैं विपदा के प्रहार से,
भर दो मुझे भी अपनी प्रखर धार से।

3. मतलब बदल लिए

दर्द के मारे थे,
मरहम बदल लिए ;
करम नहीं संभले,
तो धरम बदल लिए |

ख्वाबों की गिरफ्त में थे जो लोग,
नींद नहीं आई तो करवट बदल लिए |

मंजिल की तलाश में निकले थे राही,
धूप क्या बढ़ी, शजर (पेड़) बदल लिए |

हर तरफ बिखरे थे मय्यत के फ़ूल,
लोगो ने देखा तो रास्ते बदल लिए |

अब मेरी महफिल में आते नही कुछ लोग,
बातें वही थी मतलब बदल लिए |

4. कागज़, कांच और पत्थर

अरमानों के फूल रास न आए,
कागज़ के थे, मुरझा भी न पाए।

कब तक संभाले रखते काँच आँखों में,
हम रोए नहीं, वो बह भी न पाए।

हम जिस शहर गए, प्यासे रहे,
पत्थरों से पानी कैसे निकाला जाए?

रात कुछ यूँ निकली आज़माइशों में,
वो सुने नहीं, हम कह भी न पाए।

तख़्त और ताबूतों को कहाँ ख़बर ज़माने की,
हम दौर के साथ ख़ुद को बदल ना भी पाए।

ज़िंदगी त'अज्जुब है, नक़्बत है, नासबूर—
इस ज़हमत का क्या किया जाए?
किश्तों में जिया जाए,
या किश्तों में मरा जाए?

(त’अज्जुब =आश्चर्य; नक़्बत=मुसीबत; नासबूर=बेचैन)

5. राम तेरी दुनिया

राम तेरी दुनिया अजब निराली है।
मुट्ठी भरी है, पर दिल खाली है।

बाहर न जाने कितना शोर है;
भीतर का मौन बहुत भारी है।

रात है, और अंधेरा घना है।
माचिस भी है, पर दिया खाली है।

मैं खुद को अब कहीं नजर नहीं आता;
सामने खड़ा हूँ, और आइना खाली है।

शब्दों के बाज़ार में कंगाल है बटोही—
दिल भरा है, पर जुबां खाली है।

साँसों की डोर में उलझा है जहाँ,
परिंदा पिंजरे में है, तो आसमां खाली है।

5. स्नेह

उस चेहरे में मुझे कोई दिलचस्पी नहीं।
ना ही उन आंखों से मुझे कोई मतलब।

पर, वो आंखें जब मेरी ओर देखती हैं..
तो उनके देखने में मुझे कुछ दिखाई देता है।

मैं उन आंखों के मेरी ओर देखने को देखता हूं।
उस देखने में जो दिखाई देता है, उसी को देखता हूं...

और कुछ नहीं।

6. बदलता कुछ भी नहीं

कंकड़ों-सी छत पर टपकती बारिश, अब रुक चुकी थी;
नमी से लदी हवाएँ, अब ठहर चुकी थीं।
सड़कों पर बहता पानी, नालियों में छुप गया था;
छज्जों की आड़ में छुपा कबूतर, उड़ गया था।

बादल छँटे और धूप फिर उभर आई,
बात तो राहत की हुई थी, फिर उमस साथ क्यों लाई?

थोड़ी रोशनी बढ़ तो गई थी,
उजाले की चादर चढ़ तो गई थी;
पर गर्मी से अब फिर ज़ोर-आज़माइश होगी,
राहत की फिर वही ख्वाहिश होगी।

वक़्त बदलता है और बदलता है मौसम भी,
पर सुकून की तलाश वहीं रह जाती है।
आदमी सोचता है कि अब तो कुछ बदलेगा,
पर जिंदगी कहाँ बदल पाती है!

7. धूप की शह

हवाएँ मौसम बदल लेती हैं,
पर धूप की शह, हर बार होती है।

हुनर कहीं अकड़ में दबा रह जाता है,
ऐब की नुमाइश, सरे-बाज़ार होती है।

हवाएँ मौसम बदल लेती हैं,
पर धूप की शह, हर बार होती है।

रोज़ रात करती है फ़िक्र, कि कल दिन कैसा होगा...
और दिन को शिकायत शाम से होती है;
वक़्त की कुछ ऐसी ही तासीर होती है।

और तजुर्बों की दीवानी दुनिया वहीं सिर झुकाती है,
"साधु" की जहाँ मज़ार होती है।

7. सुकून की दुनिया

मैं ख्वाब चढ़ते हुए जुनून की सीढ़ियों से यूँ फिसला,
कि सीधे औकात पे आ गिरा।
हकीकत की चोट लगने पर गुरूर को जो दर्द हुआ,
कि दौलत की दवा भी काम न आई;
शौहरत दूर खड़ी होकर बस देखती रही।

उम्मीद ने आकर डर को थोड़ी राहत दी,
हौसले का हाथ पकड़कर हिम्मत खड़ी हुई।
तजुर्बे के प्यार से समझदारी बड़ी हुई,
शर्मिंदगी मुस्कुराते हुए विश्वास के पास आई।
जिंदगी ने लंबी सांस ली ..
और वक्त की पटरियों पर लौट आई।

अब तमन्ना की हवा नहीं है,
सुकून की दुनिया ही सही है।

9. ये अभी का पल ..

बस यही एक जगह है हमारे पास,
यही एक समय,
कहीं और जाना नहीं है।

जो हमारे पास है,
वो उस से कहीं बेहतर है ..
जो हो सकता था पर नहीं हुआ |
और जो नहीं हुआ,
वह कभी होने को था ही नहीं।

चाहतें अनंत हैं,
और उनके फल क्षणिक।

जो बीत गया,
वो कभी ठहरने के लिए था ही नहीं।
जो आने वाला है,
वो अभी दिखाई नहीं देता।

लेकिन ये जो अभी का पल है—
जो अभी बीत रहा है,

वो हमेशा से यहीं रहा है।
हमारा सबसे सच्चा साथी बनकर।
इस से पहले की ये अभी का पल बीतकर कल हो जाये,
इस पल का होकर इसे जी लो।

10. कल दिवाली थी

कल दिवाली थी, अबकी ज़रा खाली थी।
कल दिवाली थी...

मन की कंगाली,
बाज़ार करे अपनी मनमानी।
हैलोवीन में मस्त बच्चे,
और व्यस्तता की परेशानी;
गरीबी के कंधों पर संस्कारों की रखवाली थी।
कल दिवाली थी।

बच्चे अब दिवाली पे घर नहीं आते,
बूढ़े हाथ क्या घर सजाते?
एल.ई.डी. की लड़ियों में उलझे रोशनी के प्याले—
मिट्टी के दीये आखिर इनसे कब तक लड़ पाते?
चॉकलेट्स के पैकेट में कहीं गुम लड्डुओं की थाली थी,
अबकी ज़रा खाली थी।
कल दिवाली थी।

11. डर का डर

ऐसा लगा मानो डर सामने खड़ा हो,
पर वह वहाँ था नहीं;
शायद कहीं चला गया।

मैंने सोचा कि यह रोज़ का क्या नाटक है?
रोज़ के डरने से अच्छा, सारा इकट्ठा डर जाना है;
तो आज डर को ज़रा ठीक से डर ही लूँ।

मैंने डर को ढूँढना शुरू किया,
सब तरफ देखा;
पर डर मुझे मिला नहीं।

मैंने खुली आँखों को और खोला,
फिर चारों ओर देखा;
डर मिला नहीं।

शांत मन से सोचा तो पाया कि डर कभी था ही नहीं,
डर कभी होता ही नहीं है;
सिर्फ डर का डर होता है,
जो डर से भी बड़ा लगता है।

13. थोड़ा और बैठ लेते

हम थोड़ा और बैठ लेते,
कुछ बातें और कर लेते,
तुम्हें सुन लेते...
तुमसे कह देते,
कुछ लम्हे चुन लेते।
उन्हें जेबों में भरकर,
रातों की गलियों में घूम लेते,
थोड़ी यादें और बुन लेते,
फिर थके हुए सीढ़ियों पर बैठकर
कुछ साँसें और ले लेते।

अगर ज़रा भी एहसास होता
कि ये वक़्त चला जाएगा–
कभी ना लौटने को...

हम वक़्त का हाथ थामकर अपने साथ बिठाते,
नींद को मनाते,
थोड़ा और जाग लेते।

किस्से-कहानियाँ कहते,

जब तुम परेशान होते,
तुम्हारा हाथ थामकर समझाते,
गले लगाकर थोड़ा प्यार जताते।

एक पैग और लगाते,
कुछ धुनें और बजाते,
और तुम्हारे साथ जी भर कर नाच लेते।

पता ही ना था
इन आने वाली दूरियों का—
दूरियाँ, जो उम्र से लंबी हैं,
और मजबूरियाँ, जो इच्छाओं से बड़ी हैं।

हम कारों में बैठकर
बहुत दूर निकल जाते,
कुछ सफ़र और करते,
ढाबों पर रुकते, पराठे खाते।

कई तस्वीरें खींचते,
उन्हें अपने साथ रखते—
गर पता होता
कि आँखों में बस यही तस्वीरें रह जाएँगी

अब फिर नहीं बहेगी यारियाँ सड़कों पर,
दोस्तियाँ कहीं सूख जाएँगी।

गर ख्याल होता

कि ये जागता हुआ आज
कल एक सोया हुआ कल बन जाएगा—

तो हम थोड़ा और जी लेते...
तुम्हारे साथ।

14. ठहराव

कल कैसा होगा?
इस बात में आज जैसा है, वो वैसा रह नहीं पाता।

इस सोच में कि बस ये वक्त निकल जाए,
मैं अपना 'आज' जी नहीं पाता।

मैं अपने में इतना खुश हूँ,
कि दुनिया के ऐब देख नहीं पाता।

शर्म कभी कुछ करने नहीं देती,
और डर के मारे मैं कुछ करता नहीं।
अजीब कशमकश है–
मैं दौड़ने की हसरत में, कभी चल नहीं पाता।

खुद को खुद सा मान लेना एक धोखा है;
किसी और ने नहीं, मुझे खुद ने रोका है।

15. फुरसत के कोयले

वक्त की धार को बांध लेंगे, तुम आ जाना।
कटता नहीं तो बांट लेंगे, तुम आ जाना।

यादों की परतों को बिखेर कर,
फुरसत के कोयलों पर सेक लेंगे।
हम खूब सुनेंगे तुम्हें चाहतों से,
जी भर कर तुम्हें देख लेंगे।

तुम चाहो तो सीने से लगा लेना,
हम तुमको जहां से बचा लेंगे।
थोड़ा फिर साथ रह लेना और
हम भी थोड़ा-सा जी लेंगे।

अब की बार जो जी करे, तुम आ जाना।

16. मोड़ के उस पार

तेरे पास से होकर गुज़रा हूँ;
तेरी गली में रखे थे मैंने क़दम।

तेरी झलक अब भी याद है मुझे,
तू वैसी नहीं थी जैसा सोचा था–
तू और भी ख़ास थी, नूरानी थी,
मेरी सोच से कहीं बड़ी थी।

मैं जिस मोड़ से पलटा,
तू बस थोड़ी ही दूर खड़ी थी।
ये दूरियाँ तो वक़्त की बात हैं,
कच्ची डोरियों की क्या औक़ात है...
अब इंतज़ार करेंगे, और फिर मिलेंगे।

कभी थक कर जब ये साँसें रुकेंगी,
कदम खुद-ब-खुद उसी गली मुड़ेंगे;
जहाँ उस अधूरे मोड़ के उस पार,
तू इस बार...
थोड़ा और पास खड़ी मिलेगी।

17. तुम आते

तुम्हारे आने से ख़ुशी होती है मुझे,
तुम ना आओ तो भी कोई बात नहीं—
ऐसे जीने की आदत है मुझे।

जलने की आदत है मुझे,
मैं जी भरकर तरसा हूँ,
मुझे छाँव की तलाश नहीं,
धूप से कोई शिकायत नहीं।

मैं अकेला नहीं...
मेरे साथ मेरी तन्हाई है,
मुझ से गहरी मेरी परछाईं है।

तुम आते—
तो मैं थोड़ा और जी लेता।

18. मंदिर की सीढ़ियों पर

काश,
मैं पेड़ से लटका एक नारियल होता–
ऊँचाई पर, दुनिया से दूर।

बचा रह जाता
भावनाओं की ठोकरों से,
धूप की तीखी सच्चाइयों से,
और छाँव की क्षणिक राहतों से।

मेरे बाहर का ठोस कवच
संभाले रखता
भीतर छिपे उस मुलायम मन को,
जिसे दुनिया छू भी न पाती।

मैं इतना सख्त हो जाता बाहर से
कि भीतर की एक बूँद भी
सूखने से इंकार कर देती–
जैसे कोई अंतिम उम्मीद।

और जब थक जाता,

तो चुपचाप
किसी बोरे में लद कर ,
बिक जाता अनजान हाथों में।

फिर एक दिन,
किसी मंदिर की सीढ़ियों पर..
किसी की प्राथनाओ का साक्षी बन जाता।

19. सुकून की गोद

जब तुम अचानक आकर मेरी गोद में चढ़ जाते हो,
और अपना सिर मेरे कंधों पर रख देते हो,
उससे मुझे जो सुकून मिलता है—
समझ नहीं आता,
तुम मेरी गोद में हो,
या मैं तुम्हारी।

20. सही और ग़लत

दुनिया है, बिरादरी है,
घर है, परिवार है।
मैं भी हूँ,
और मुझमें थोड़ी ज़िंदगी भी है।

ज़िंदगी है, तो जीना ज़रूरी है,
ज़िंदगी में... जीना ही सबसे ज़रूरी है।

जीत-हार भी ज़िंदगी का हिस्सा है,
हार अक्सर होती है–
पर जीतना भी ज़रूरी है।
जीतने के लिए लड़ना भी ज़रूरी है,
और लड़ना है, तो जीना ज़रूरी है।

सही और ग़लत भी दो भाग हैं;
सही सही है, और ग़लत ग़लत...
और कुछ नहीं।

मगर इन दोनों के परे भी एक दुनिया है,
जहाँ न जीत का जश्न है,

न हार का गम—
बस एक मौन है,
जो सही और ग़लत के शोर से बड़ा है।

21. सोच एक संवाद

जब मैं सोच रहा होता हूँ,
तब मैं सोच नहीं रहा होता;
मैं सोच में खुद से बात कर रहा होता हूँ,
या किसी और से बात कर रहा होता हूँ।
या मैं कुछ सुन रहा होता हूँ,
या मैं कुछ बुन रहा होता हूँ।

हम अक्सर सोच में यही करते हैं–
कभी सोचकर देखना।

www.ingramcontent.com/pod-product-compliance
Lightning Source LLC
Chambersburg PA
CBHW070652240926
51846CB00003BA/886
* 9 7 8 9 3 7 5 4 3 9 2 6 4 *